日本語能力試験
N1 模擬テスト〈2〉
千駄ヶ谷日本語教育研究所 著

スリーエーネットワーク

© 2011 by SJI inc.

All rights reserved. No part of this publication may be reproduced, stored in a retrieval system or transmitted in any form or by any means, electronic, mechanical, photocopying, recording, or otherwise, without the prior written permission of the Publisher.

Published by 3A Corporation.
Trusty Kojimachi Bldg., 2F, 4, Kojimachi 3-Chome, Chiyoda-ku, Tokyo 102-0083, Japan

ISBN978-4-88319-575-6 C0081

First published 2011
Printed in Japan

はじめに

　日本語能力試験（Japanese-Language Proficiency Test）は、2010年から日本語の知識だけでなく、課題遂行のための言語コミュニケーション能力も測る試験にシフトし、それに伴い問題内容にも変更がありました。また、レベル設定も従来の4段階から5段階となり、これまで以上にきめ細かい能力評価ができるようになりました。

　こうした一連の改定を受け、本書は、試験合格を目指す学習者のために、本試験にできるだけ近い形でチャレンジできるように作成しました。本試験と同じ出題形式となっており、問題冊子を外して配付できるように体裁も工夫しました。ぜひ時間を測って本試験さながらの模擬テストを行ってください。実施後は採点結果を正答数記入表に記入し、学習者へフィードバックすることで弱点を把握させ、不得意な問題形式や分野を重点的に補強させることができます。

　また、実際には受験しない学習者にも、本書を使って実力の確認と今後の目標設定をさせることができます。この本が多くの方々に役立つよう心から期待しています。

　スリーエーネットワークの新谷遥さんに多くの御助言と御尽力をいただきました。心より謝意を表します。

千駄ヶ谷日本語教育研究所

目次

模擬試験を実施される方へ ……………………………………………………… 5
学習者の方へ ……………………………………………………………………… 7
解答　「言語知識（文字・語彙・文法）・読解」………………………………… 8
解答　「聴解」……………………………………………………………………… 9
「聴解」問題スクリプト ………………………………………………………… 10
正答数記入表 ……………………………………………………………………… 31

音声CD

・「言語知識（文字・語彙・文法）・読解」試験の指示　　　トラック1
・「聴解」試験の指示　　　トラック2
・「聴解」問題　　　トラック3～トラック43
・「聴解」試験終了の指示　　　トラック44

―問題冊子ごとに取り外しできます。―

| 問題冊子1 |
「言語知識（文字・語彙・文法）・読解」
・問題用紙
・解答用紙（巻末。切り取って配付してください。）

| 問題冊子2 |
「聴解」
・問題用紙
・解答用紙（巻末。切り取って配付してください。）

模擬試験を実施される方へ

　本書は、本試験に近い形で実施できるようになっています。問題冊子を外し、解答用紙を問題冊子から切り取って、学習者に配付してください。試験時間を守って、本試験のように進めることで学習者は試験形式に慣れ、本試験で戸惑わずに実力を発揮できるでしょう。実施後は、学習者へのフィードバックとして正答数記入表（31ページ）をご活用ください。
　試験前後の学習者へのアドバイスは7ページの「学習者の方へ」を参考にしてください。
　以下のサイトに本書の活用法を紹介した動画があります。
　https://www.3anet.co.jp/np/books/3804/

〈模擬試験の手順例〉

○準備
①以下の表を利用して試験実施時間を決める。所要時間は190分。

試験科目			試験実施時間
言語知識（文字・語彙・文法）・読解	試験の指示（音声CDトラック1）	5分	＿＿：＿＿ 〜 ＿＿：＿＿
	模擬試験	110分	＿＿：＿＿ 〜 ＿＿：＿＿
休憩		10分	＿＿：＿＿ 〜 ＿＿：＿＿
聴解	試験の指示（音声CDトラック2）	5分	＿＿：＿＿ 〜 ＿＿：＿＿
	模擬試験（音声CDトラック3〜トラック44）	60分	＿＿：＿＿ 〜 ＿＿：＿＿

注）本試験は2022年第2回試験より試験時間・問題数の目安が変更になっています。

②問題冊子を外す。
③解答用紙を問題冊子から切り取る。
④試験会場を整える。試験実施時間を掲示する。
⑤時計、CDを流す機器を準備する。
⑥CDを機器にセットする。

〇試験時

「言語知識（文字・語彙・文法）・読解」

①問題冊子1、「言語知識（文字・語彙・文法）・読解」解答用紙を配付する。

②音声CD「試験の指示」（トラック1）に沿って、問題冊子1の表紙と解答用紙の注意の確認、ページ数の確認、名前の記入をさせる。「試験の指示」（トラック1）終了後、CDを止める。

③時間になったら試験開始を知らせる。

④時間になったら試験終了を知らせる。

⑤問題冊子1、解答用紙を回収する。

⑥回収した問題冊子1・解答用紙の数と、受験者の数が一致しているか確認する。

「聴解」

⑦問題冊子2、「聴解」解答用紙を配付する。

⑧音声CD「試験の指示」（トラック2）に沿って、問題冊子2の表紙と解答用紙の注意の確認、ページ数の確認、名前の記入をさせる。

⑨CDを止めず、そのまま「聴解」問題を始める。

⑩CDが終わったら問題冊子2、解答用紙を回収する。

⑪回収した問題冊子2・解答用紙の数と、受験者の数が一致しているか確認する。

〇試験後

①解答を見て採点する。

②正答数記入表（31ページ）を使って、学習者にフィードバックする。

　ア．分野ごとに正答数を記入する。

　イ．科目ごとに正答数を合計して記入する。

　ウ．科目ごとの正答率を計算して記入する。

　エ．◎・〇・△の欄の数字を見て、ア．で記入した正答数が当てはまる欄にチェック（✓）を入れる。

試験科目	分野		正答数/問いの数	◎	○	△
	問題番号	解答番号				
文字・語彙	問題1	1〜6	漢字読み	6 /6 ✓	5-4	3-0
	問題2	7〜13	文脈規定	7 /7	6-4	3-0
	問題3	14〜19	言い換え類義	6 /6	5-4	3-0
	問題4	20〜25	用法	6 /6	5-4	3-0
	文字・語彙 計		(%) /25			

ア → 正答数
イ → 文字・語彙 計
ウ → (%)
エ → 6

③本書を学習者に返却する。

学習者の方へ

〈試験のとき〉

・各科目にいろいろな形式の問題がありますから、問題文や例をよく読んで何を答えるかよく理解してから問題を解きましょう。

・「言語知識・読解」は、問題数が多いです。わからない問題はあとで解くために印を付けておいて、まずできる問題から解きましょう。

・解答用紙のマークの塗り方がよくないために、失敗する人もいます。解答用紙の「マークれい」を見て、よい塗り方で塗ってください。

〈試験のあと〉

・正答数記入表の結果から、自分の弱点を把握してください。
・時間がなくて解けなかった問題を解いてください。
・間違えた問題を解き直してください。
・間違いが多かった分野を特に勉強してください。
・以下のサイトから解答用紙がダウンロードできます。

https://www.3anet.co.jp/np/books/3804/

N1 解答

言語知識（文字・語彙・文法）・読解

問題1
問	答
1	④
2	①
3	③
4	③
5	②
6	①

問題2
問	答
7	①
8	①
9	④
10	④
11	②
12	①
13	①

問題3
問	答
14	③
15	③
16	①
17	③
18	①
19	①

問題4
問	答
20	②
21	②
22	①
23	③
24	④
25	①

問題5
問	答
26	①
27	②
28	①
29	②
30	①
31	③
32	①
33	④
34	②
35	①

問題6
問	答
例	●
36	②
37	①
38	③
39	①
40	③

問題7
問	答
41	③
42	①
43	①
44	③
45	③

問題8
問	答
46	①
47	②
48	①
49	④

問題9
問	答
50	①
51	①
52	①
53	①
54	②
55	③
56	④
57	③
58	①

問題10
問	答
59	②
60	③
61	③
62	②

問題11
問	答
63	②
64	①
65	④

問題12
問	答
66	②
67	②
68	④
69	④

問題13
問	答
70	③
71	②

N1 解答 [聴解]

問題1

問	題 1
例	● ② ③ ④
1	① ② ❸ ④
2	❶ ② ③ ④
3	① ❷ ③ ④
4	① ❷ ③ ④
5	① ② ❸ ④
6	❶ ② ③ ④

問題2

問	題 2
例	① ② ● ④
1	① ② ❸ ④
2	❶ ② ③ ④
3	❶ ② ③ ④
4	❶ ② ③ ④
5	① ② ❸ ④
6	① ② ❸ ④
7	① ❷ ③ ④

問題3

問	題 3
例	● ② ③ ④
1	❶ ② ③ ④
2	① ② ③ ❹
3	① ❷ ③ ④
4	① ② ③ ❹
5	① ❷ ③ ④
6	① ② ③ ❹

問題4

問	題 4
例	① ● ③
1	❶ ② ③
2	① ❷ ③
3	❶ ② ③
4	① ❷ ③
5	① ❷ ③
6	① ❷ ③
7	❶ ② ③
8	① ❷ ③
9	❶ ② ③
10	❶ ② ③
11	① ❷ ③
12	① ❷ ③
13	① ❷ ③
14	① ❷ ③

問題5

問	題 5
1	① ❷ ③ ④
2	① ② ❸ ④
3 (1)	① ② ❸ ④
3 (2)	① ❷ ③ ④

「聴解」問題スクリプト

(M:男性　F:女性)

問題1　　　トラック3

問題1では、まず質問を聞いてください。それから話を聞いて、問題用紙の1から4の中から、最もよいものを一つ選んでください。では、練習しましょう。

例

会社で女の人と男の人が話しています。女の人はこのあとまず何をしますか。

F：すみません、銀行と郵便局に行って、それから昼ごはんを食べて来ます。
M：わかりました。じゃあ、この書類も出して来てくれませんか。
F：ええ、いいですよ。
M：今の時間は銀行が混んでるから、先に郵便局に行ったほうがいいですよ。
F：そうですか。じゃあ、そうします。
M：もし遅くなるようなら電話してください。
F：わかりました。

女の人はこのあとまず何をしますか。

最もよいものは2です。解答用紙の問題1の例のところを見てください。最もよいものは2ですから、答えはこのように書きます。
では、始めます。

1番　　　トラック4

男の人と女の人が引っ越しに備えてメモを見ながら話しています。女の人がこれからすることは何ですか。

M：引っ越しまで1週間か。荷物まとめるのは終わってるよね。

F：ええ。あと、引っ越しの届けだけ。
M：そう。今日は1週間前だから、済ませちゃおう。市役所やら、電力会社やら、水道局やら、面倒だね。
F：え？ 前日にやればいいと思ってたけど……。
M：いや、今日、済ませちゃおうよ。それから、本棚処分するの？
F：ええ。あさって捨てようと思って。
M：捨てるんだったらリサイクルショップに出したら？ 今日業者に連絡してもあと1週間しかないから引き取ってくれるかどうかわかんないけど、連絡してみたら？
F：そうね。連絡してみる。
M：マンションの管理会社には出る時間伝えてあるよね。
F：うん、とっくに。
M：じゃあ、俺、市役所に行ってくるから、その他の手続きは頼んだよ。
F：ええ。

女の人がこれからすることは何ですか。

2番　　　トラック5
会社で女の人と男の人がパーティーの準備について話しています。女の人はこのあとまず何をしますか。

F：課長、先ほど、ニューヨーク支店長からお電話がありまして、創業記念パーティーに出席されることになったそうです。
M：そうか、よかった。これで全員出席だな。そうすると、座席表も変わってくるな。悪いけど、もう一度作り直してくれる？ ニューヨーク支店長は社長の隣にして。支店長がいらっしゃることは、もう社長にご報告した？
F：まず課長にご報告してからと思いまして。
M：そうか。じゃ、すぐにご報告しないとな。これは私がしよう。できたらついでに、座席表も確認していただきたいな。悪いけど今すぐ用意してもらえる？
F：はい、かしこまりました。
M：それから、食事も追加だね。ホテルの手配もしないと。
F：はい、食事はすでに注文いたしました。ホテルは、空き状況は調べてありますが、ご出張の日程がまだ届いていません。後ほどご連絡くださるそうです。

M：じゃ、連絡もらったら予約も頼むよ。
F：はい、かしこまりました。

女の人はこのあとまず何をしますか。

3番　　　トラック6
高校生の女の子と父親があしたの入学試験の持ち物について話しています。女の子はこのあと何を用意しなければなりませんか。

F：お父さん、あしたの試験に持ってく物、一緒に確認してくれない？　これ、学校からもらったんだ。
M：持ち物チェックリストか。うん、いいよ。じゃ、まず受験票。
F：うん、大丈夫。でも、まだコピー取ってない。
M：ただ番号を控えればいいんだろう？　それならメモすればいいんだよ。
F：そっか。0、5……うん、したよ。
M：筆記用具と昼ごはんは？
F：筆記用具は、鉛筆と消しゴムは入れた。鉛筆削りはさっき買おうと思ったんだけど、売ってなかったんだ。それから、昼ごはんは、おにぎり買って来た。
M：そっか。鉛筆削りがなければ、鉛筆を余計に持ってけばいいんじゃないか？　それより、このおにぎり、賞味期限、今日までだぞ。
F：え、ほんと？　また買いに行かなきゃ。えっと、それじゃ、筆記用具は鉛筆を加えればいいとして、あとは時計か。アラームが鳴らないようにすればいいよね。
M：いや、自分ではそうしたつもりでも、鳴っちゃうことが多いから、こう書いてあるんじゃないかな？
F：そう？　じゃ、違うのを用意するよ。

女の子はこのあと何を用意しなければなりませんか。

4番　　　トラック7
会社で女の人と男の人が会社案内のパンフレットについて話しています。男の人はこれからまず何をしますか。

F：田中さん、会社案内のパンフレットを作る件だけど、印刷会社の料金表、見ましたよ。思ってたより安くできそうですね。

M：ええ。社長のご意見もこの会社でいいだろうとのことでした。

F：じゃあ、作業を進めましょう。田中さんはまず、どのページに何を載せるかとか、どんなデザインにするかとか、パンフレットの内容を木村さんと相談しながら検討してほしいんですけど。

M：わかりました。

F：原稿作成の分担はもう決めましたよね。各ページの内容がはっきりしたら、田中さんから他の社員に具体的な指示を出してくれますか。それと、パンフレットに載せる代表者の言葉は社長に原稿を書いていただくよう、お願いしましょう。

M：早めがいいですね。今からお願いに伺っても大丈夫でしょうか。

F：私、別の件でお会いするから、ついでにお話ししましょうか。

M：では、そうしていただけますか。お願いいたします。

男の人はこれからまず何をしますか。

5番　　　トラック8
男の人と女の人がレポートについて話しています。男の人はこのあとまず何をしますか。

M：先輩、経済学のレポートはもう見ていただけたでしょうか。

F：うん、よく書けてるね。

M：ありがとうございます。でも、レポートの書式で不安なところがあるんです。タイトルの大きさと位置なんですけど。

F：ちょっと大きいかなって気もするけど、このままでいいと思う。ただ、レポートの中に意見の根拠になるデータがないから必要だね。

M：そうですか。昨日、参考文献を返してしまったんです。図書館に行ってまた借りて来ないといけないなあ。

F：そっか。私はいつもインターネットで資料を探してるよ。統計局とかがデータを公開してるんだ。インターネットなら、見つけた表やグラフをコピーして、レポートにも簡単に貼り付けられるから、借りたり、返したりする手間もいらないし。

M：そうなんですけど、どうしても必要な資料がネット上に出てないんですよ。

F：ああ、そうなんだ。じゃ、しかたないね。

M：はい。

男の人はこのあとまず何をしますか。

6番　　　トラック9
会社で女の人と男の人が経費精算書について話しています。女の人はどこを直さなければなりませんか。

F：鈴木さん、経費精算書を書いたんですが、これでいいかチェックしていただけませんか。
M：うん、いいよ。ええと、これは先月大阪に出張したときの経費だね。出張は7月26日だったんだね。
F：はい。
M：じゃ、申請日が違うね。ここはあくまでも申請する日を入れるから。
F：あ、すみません。わかりました。
M：それから、この2万8100円は往復の金額だよね？　片道の金額も書いといたほうがいいんじゃない？　用途のところでいいと思うけど。でも、まあ、総務部に出すときに言われたら書けばいいか。
F：は、はい。そうします。
M：あと、交通費の精算日は総務部で書くから空欄にしとかなきゃ。それから、経費精算書はなるべくその月の月末までに出したほうがいいよ。これは先月の出張だから、本当なら先月中に申請しなきゃね。
F：はい、わかりました。今後気を付けます。

女の人はどこを直さなければなりませんか。

問題2　　　トラック10

問題2では、まず質問を聞いてください。そのあと、問題用紙の選択肢を読んでください。読む時間があります。それから話を聞いて、問題用紙の1から4の中から、最もよいものを一つ選んでください。では、練習しましょう。

例

女の人と男の人が話しています。男の人が料理を食べないのはどうしてですか。

F：どうして食べないの？　辛い？
M：いや、辛くはないけど。
F：じゃあ、口に合わない？
M：いや、おいしいよ。でも……。
F：どうしたの？　おなかすいてない？
M：さっき、残ってたパンを食べちゃって。
F：そっか。食べすぎておなか壊すといけないから、食べないほうがいいよ。
M：うん。

男の人が料理を食べないのはどうしてですか。

最もよいものは3です。解答用紙の問題2の例のところを見てください。最もよいものは3ですから、答えはこのように書きます。
では、始めます。

1番　　　トラック11
会社で男の人と女の人が話しています。男の人は社長にどうして怒られたと言っていますか。

M：あーあ、また社長に怒られちゃったよ。
F：え、また遅刻した？
M：違うよ。それがさ、社長宛てに展示会の招待状が届いてたんだけど、昨日までに返事をしなきゃいけなかったんだ。
F：え、じゃ、連絡するの忘れたんだ。それで怒られた？

M：いやあ、社長が出席できないっていうことを伝えなきゃいけないと思って、先方にメールしたんだ。気が付いたら、もう夜8時過ぎてたし。

F：じゃ、そんな時間にメールするなって怒られた？

M：ていうか、出席できないってことは、口頭でお断りしなきゃだめじゃないかって。俺は、そんな遅い時間に電話するほうが失礼じゃないかって思ったんだけどね。

F：なるほどね。

男の人は社長にどうして怒られたと言っていますか。

2番　　　トラック12

女の人が住んでいる地域で行っている活動について話しています。最近の活動でいちばん大きな成果は何ですか。

F：私たちは、お年寄りが元気に生活できる地域を作ろうと活動しています。最近の活動についてお話ししますと、まず週に1度、お年寄りが健康のことを医師に相談できる健康相談をスタートしました。これは以前から検討してきたことなんですが、ようやく形にすることができました。多くのお年寄りからこのような機会を作ってもらえてありがたいという声が寄せられています。次に、家でできる体操を紹介する、健康教室という講習会を開きました。多数の参加を期待しましたが、思うように参加者が集まりませんでした。講習会については、他にも食生活を見直すというテーマで企画をしています。まだ開催に至っていませんが、開催できれば大きな成果につながると思っています。えー今後ですが、お年寄り同士が交流できる機会を増やしたいです。友人を増やし、活動的な毎日を過ごしてもらいたいと思っています。

最近の活動でいちばん大きな成果は何ですか。

3番　　　トラック13

女の人と男の人が店でプレゼントについて話しています。このプレゼントを選んだ一番の理由は何ですか。

F：ねえ、あなたのお母さんの誕生日プレゼント、このパジャマにしたらどうかな？　見て、「ゆったり設計で快眠サポート」だって。お母さん、最近、あまり眠れないみたいだから、ぴっ

たりだと思うよ。
M：そういえば、最近、太り気味って言ってたね。パジャマが窮屈だとよく眠れないよね。これにしよう。じゃあ、色はどうする？
F：年を取ると、派手な色は外では着られないって言うから、うちの中では明るい色がいいんじゃない？
M：そうだね。あ、シルク100％だ。物もいいんだね。
F：ほんとだね。値段より高級そうに見えるよね。
M：うん。あ、当店人気ナンバーワンって書いてあるよ。
F：やっぱりね。

このプレゼントを選んだ一番の理由は何ですか。

4番　　トラック14
男の人が講習会の説明をしています。男の人はこの講習会が人気のある一番の理由は何だと言っていますか。

M：パソコンが普及し、字を書くことがほとんどなくなった今、字が上手に書けなくて困るという声をよくお聞きします。当校ではそのような方のために、「きれいに字を書くための講習」を開催いたしております。何と言っても、ボールペンさえあれば始められるという手軽さが、大変好評をいただいております。ボールペンで字を書くと言いましても、手紙やビジネス文書といったいろいろなスタイルの文を練習するので、どんな場面でも自信を持って字が書けるようになります。また当校のテキストはイラストを使った説明が多いため、わかりやすいという声も聞かれます。週に1度参加して練習するだけできれいな字が身に付くんです。字が上手になりたいという方、ぜひ始めてみてはいかがでしょうか。

男の人はこの講習会が人気のある一番の理由は何だと言っていますか。

5番　　トラック15
大学で女の人と男の人が話しています。女の人は何をいちばん喜んでいますか。

F：山田君、おはよう。
M：あ、おはよう。聞いたよ。佐藤さんが書いた論文、雑誌に載ったんだってね。

F:うん。自分でもびっくりしちゃった。
M:すごいね。おめでとう。雑誌に論文が載ったなんて。これで一躍有名人だね。
F:そんな、おおげさだよ。今回の論文では山田君のおじい様の研究成果を引用させてもらったの。おじい様のような大先輩の成果があるからできたんだよ。
M:祖父の成果を引用してくれて光栄だよ。でも、それにしてもすごいな。有名になって、友達に自慢できるね。
F:ううん。そんなことより、私の研究はちょっと地味だから、なかなか注目されることってなかったけど、ちゃんと見てくれる人がいて、満足してるの。これでいい就職の声がかかればほんとうにうれしいな。
M:ほんとうだね。

女の人は何をいちばん喜んでいますか。

6番　　　トラック16

料理教室の先生が話しています。先生はおいしいソースを作る一番のポイントは何だと言っていますか。

F:おいしいソースというのは、とろっとして滑らかです。作り方はいたって簡単。バターを溶かして粉と牛乳を入れて味を付けるだけ。しかし、これがなかなか上手に作れないという声をよく聞きます。こういう方も、これから私がお話しすることに注意すれば、きっとおいしいソースが作れるはずです。まず、よく乾いた鍋にバターを溶かします。このとき、少しでも水が残っていると、あとで粉を入れたときに、粉が固まる原因になりますので注意してください。次に粉を入れてから牛乳を入れます。牛乳は必ず3、4回に分けて入れてください。そうしないと、粉がよく溶けず塊ができますからね。牛乳を全部入れたら、あとはひたすらかき混ぜます。おいしいソースを作るこつはここです。この作業に時間をかければかけるほど、ソースが滑らかになって、おいしくなります。ただ、火が強いとすぐにソースが焦げてしまいますので、火の調節には十分注意してください。

先生はおいしいソースを作る一番のポイントは何だと言っていますか。

7番　　　トラック17
テレビで女の人と男の人が結婚式のスタイルについて話しています。男の人は海外で行う結婚式が人気のある一番の理由は何だと言っていますか。

F：最近、海外で結婚式をする人が増えているそうですね。人気の理由を教えていただけますか。
M：はい。国内で行われる結婚式は会社の人や、親戚全員が集まって盛大に行われることが多いです。
F：ええ。
M：一方、海外の場合は、親や仲のいい人だけを招待して行われることがほとんどです。これが、義理の付き合いから解放されていいというお話を聞きます。
F：そうなんですか。
M：しかし、それ以上に、子どものときから見てきたテレビなどの影響で、結婚式をするなら、海外の素敵な教会でと考える女性が多いんです。これが海外の結婚式の人気を最も支えていると言えますね。
F：なるほど。式の費用は高くないんですか。
M：旅費も含めたお得な料金プランが設定されていますから、それほどでもありません。
F：そうなんですか。
M：はい。また、出席される方にも同様のプランが用意されていますので、気軽に式に出席できて、観光も楽しめて、出席者に喜ばれるようです。
F：そうですか。

男の人は海外で行う結婚式が人気のある一番の理由は何だと言っていますか。

ここでちょっと休みましょう。（音楽）ではまた続けます。　　　トラック18

問題3　　トラック19

問題3では、問題用紙に何も印刷されていません。この問題は、全体としてどんな内容かを聞く問題です。話の前に質問はありません。まず話を聞いてください。それから、質問と選択肢を聞いて、1から4の中から、最もよいものを一つ選んでください。では、練習しましょう。

例

テレビで女の人が話しています。

F：昨日の夜から降っていた雨はやみました。都心では今日は一日晴れますが、風が強いので夕方から寒くなるでしょう。一方、山沿いでは午後から雨が降るでしょう。この雨は夜にはやみますが、傘を持って出掛けたほうがよさそうです。

何について話していますか。
1．映画
2．旅行
3．天気
4．買い物

最もよいものは3です。解答用紙の問題3の例のところを見てください。最もよいものは3ですから、答えはこのように書きます。
では、始めます。

1番　　トラック20

ファッション評論家が話しています。

F：最近の景気の状況がファッションにも影響を及ぼしています。個人消費の落ち込みがなかなか回復しない中、これまではあまりなかったような新しい傾向が見られるようになってきました。安く、賢くおしゃれを楽しもうという傾向です。今まで高価な服を着ていた人たちが、手頃な価格の服を工夫して着るようになったのです。できるだけお金を使わずに自分らしくおしゃれをしたい、というニーズがこのようなファッションを生んだと言えます。

評論家は何について話していますか。
　　1．ファッションの新たな楽しみ方
　　2．ファッション産業の未来
　　3．流行と服のデザインの関係
　　4．価格が安い服を高く見せる方法

2番　　　トラック21

ニュースでアナウンサーが話しています。

M：昨夜からの台風で、交通機関にも影響が出ました。今朝、強い風と雨のため市内の電車が2時間にわたり止まりました。通勤通学時間と重なっていたため、各駅は多くの通勤客と通学客であふれ、大混雑となり、ホームから落ちて怪我をした人もいたということです。また、郊外に向かう一部の電車では、安全の確認が遅れ、約5時間後に運転を再開した路線もありました。鉄道会社は「乗客の皆様に大変ご迷惑をおかけして、申し訳ございませんでした。」とのコメントを出しました。

何についてのニュースですか。
　　1．大きい台風が来たというニュース
　　2．電車が止まったというニュース
　　3．駅で事故があったというニュース
　　4．電車の乗客が増えたというニュース

3番　　　トラック22

大学の先生が講義で話しています。

F：現代では、かわいらしい外見や仕草に癒しを求めて動物を飼う人が増えていますね。最近、この、家庭の中における動物の存在がその家族にどのような影響を与えるかについて研究が進められています。ご存じのとおり、動物は言葉を発しません。ですから、飼い主である人間は彼らの様子や行動を見て何を考えているか常に想像しなければなりません。それによって、人間は違いを感じる力が鍛えられ、感覚が鋭くなるのです。今日はこのことについて、データを見ながら説明していきます。

今日の講義で説明することはどのようなことですか。
1．人間が動物を飼う目的
2．動物の気持ちを想像することの重要性
3．人間と動物の感覚の違い
4．動物を飼うことによる人間の感覚の変化

4番　　トラック23

大学の会議で就職担当の職員が話しています。

M：ここ数年、我が校の就職率は下がる一方で、卒業後もアルバイトをして生活する学生が増えています。昨年までの状況を見ますと、学生の多くが大都市での就職を希望していますが、大都市の企業からの募集は非常に少ないのが現実です。それでも、学生の希望に合わせて情報を集めて紹介してきましたが、なかなか結果に結び付きませんでした。そこで今年は大都市ではなく、募集の多い地元の企業にもっと目を向けさせたいと考えています。簡単ではないと思いますが、一人でも多くの学生が就職できるように私たちから働きかけることが必要ではないでしょうか。

職員は何について話していますか。
1．就職とアルバイトの関係
2．就職する学生の問題点
3．就職指導の新しい方針
4．就職情報の集め方

5番　　トラック24

博物館の職員が展示室で話しています。

F：こちらの展示室の動物をご紹介しましょう。まず、ホッキョクグマです。これは地上でいちばん大きい肉食動物だと言われています。北極は寒いところですから、体重があるほうが体内でたくさん熱を作ることができ、都合がいいわけです。その隣がマレーグマで先ほどの半分ぐらいの大きさですね。熱をたくさん作る必要のない暖かい地域に住んでいるからです。そして、こちらは日本のシカです。右から左に暖かい地域から寒い地域の順に並んでいます。いちばん右のシカは肩の高さが65センチほどしかありませんが、隣は約80センチ、そしてい

ちばん左のシカは約1メートルにもなります。驚かれると思いますが、全て同じ種類のシカなんですよ。

この展示室のテーマは何ですか。
1. 世界の北と南の大きい動物
2. 動物の体重と食べ物
3. 日本に住んでいる珍しいシカ
4. 動物の大きさと住んでいる場所

6番　　　トラック25

企業の技術者が発表しています。

M：卵の殻のすぐ内側には半透明の膜があります。食品工場からごみとして廃棄されていますが、この膜には水分を吸ったり放出したりする特徴があります。当社では、これに注目し、当社の新しい生地作りに活用したいと研究を重ねてきました。そしてこの度、独自の技術で既存の生地の表面にこの膜を付けることに成功し、ごみとして捨てられていた物を生かした新たな生地が完成しました。この生地は、汗を吸って外に出すという機能が特徴で、今後、夏向けの衣類やスポーツウエアへの用途が期待できます。

何についての発表ですか。
1. 卵の殻の性質
2. 新しい生地の開発
3. ごみの廃棄の問題
4. 生地の用途

問題4　　　トラック26
問題4では、問題用紙に何も印刷されていません。まず文を聞いてください。それから、それに対する返事を聞いて、1から3の中から、最もよいものを一つ選んでください。では、練習しましょう。

例

F：佐藤さん、お元気ですか。

M：1．はい、そうです。
　　2．はい、元気です。
　　3．はい、こちらこそ。

最もよいものは2です。解答用紙の問題4の例のところを見てください。最もよいものは2ですから、答えはこのように書きます。
では、始めます。

1番　　　トラック27
M：俺、この会社に入ってほんとうによかったのかなあ。

F：1．後悔してるの？　この会社に入ったこと……。
　　2．よかったね、無事に就職できて。
　　3．就職はやめて進学すればいいんじゃない？

2番　　　トラック28
M：秘書に突然、辞められちゃったんだよ。

F：1．そっか。じゃあ、職探し、しなきゃね。
　　2．辞められてよかったね。今までご苦労様。
　　3．大変だね。それで、新しい人、見つかった？

3番　　　トラック29

F：損失が出るぐらいなら、今回の計画は見送ったほうがいいのではないでしょうか。

M：1．そうですね。じゃ、これは次の機会にしましょう。
　　2．そうですね。とにかくやってみたほうがよさそうですね。
　　3．そうですね。それで、損失はいくらになったんですか。

4番　　　トラック30

F：あのう、こちらの席、お間違えでは……。

M：1．大丈夫ですよ。気になさらないでください。
　　2．ああ、すいません。うっかりしてまして……。
　　3．いえ、こちらのお席で結構ですよ。

5番　　　トラック31

F：この仕事、私にさせていただくわけにはいかないでしょうか。

M：1．すみません。今、忙しくてできないんです。
　　2．じゃあ、他の人に頼んでみます。
　　3．そうですね。じゃあ、お願いできますか。

6番　　　トラック32

F：ねえ、ちょっと荷物見てて。

M：1．うん。見たよ。重そうだね。
　　2．いいよ。どこまで？
　　3．うん、いいけど、どのぐらい？

7番　　　トラック33
M：君がアルバイト辞めたいって気持ち、わからないでもないよ。

F：1．なんで私の気持ち、わかってくれないの？
　　2．よかった。気持ちわかってくれる人がいて……。
　　3．人の気持ちってわからないもんだよね。

8番　　　トラック34
M：ここにある服、ちゃんと洗濯しといてくれないと困るんだけど。

F：1．大丈夫だよ、洗濯すればきれいになるよ。
　　2．そうだよね、洗濯はほんとうに大変だよ。
　　3．わかった、わかった。今日中に洗濯するよ。

9番　　　トラック35
M：この仕事、一人でやるなんて言うんじゃなかったよ。

F：1．大変だね。でも、頑張ってよ。
　　2．わかった。絶対言わないよ。
　　3．ごめん、言ってもいいかと思って……。

10番　　　トラック36
F：先月はお客さん、多かったね。それにひきかえ、今月はねえ……。

M：1．そうだね。あんまり多くないね。
　　2．そうだね。けっこう多いね。
　　3．そうだね。ちょっと多すぎるね。

11番　　　トラック37
F：あしたの待ち合わせって、たしか8時でしたよね。

M：1．そうなんです。遅れてすみませんでした。
　　2．そうですね。8時がいいですね。
　　3．ええ、それでよかったはずですけど。

12番　　　トラック38
F：レポートですけど、これなら言うことありません。

M：1．え、そんなにひどいんですか。
　　2．じゃあ、何を書けばいいんでしょうか。
　　3．ありがとうございます。

13番　　　トラック39
M：読まなくなった漫画、もらってくれるとありがたいんだけど。

F：1．うん、いいよ。あげる。
　　2．え、いいの？　じゃあ、遠慮なく。
　　3．いいえ、どういたしまして。

14番　　　トラック40
F：晩ごはん作るから、よかったらうちで食べてってよ。

M：1．じゃあ、先に食べてていいよ。
　　2．そう？　じゃあ、食べてこうかな。
　　3．うん、わかった。じゃあ、食べてるね。

問題5　　　トラック41

問題5では、長めの話を聞きます。この問題には練習はありません。メモをとってもかまいません。

1番

問題用紙に何も印刷されていません。まず話を聞いてください。それから、質問と選択肢を聞いて、1から4の中から、最もよいものを一つ選んでください。

ピアノの先生と親子が発表会で弾く曲について話しています。

F1：先生、今年の発表会で弾く曲なんですが、「夢の旅」はどうでしょうか。
M ：ああ、その曲は他の人が弾くことになってるんだよ。
F1：そうですか。「思い出の季節」もいいと思ったんですが……。
M ：ああ、そうだね。あれもいいね。季節もぴったりだし、今年はまだ誰も弾く予定はないし。
F2：でも先生、あの曲はこの子にはちょっと子どもっぽい気がするんですけど……。
M ：そうかもしれませんね。僕は「一つの世界」がいいと思ってたんです。曲のイメージがお嬢さんに合ってるんじゃないでしょうか。
F2：ああ、きれいな曲ですよね。でも、ちょっと難しいんじゃないかしら。
M ：たしかに難しいですが、弾けなくはないと思います。それから、「喜びの曲」も今、テレビで人気があってお勧めですね。
F1：あ、いいですね。でも、みんな知ってる曲だから、上手に弾けないと……。
F2：そうね。じゃあ、先生がおっしゃるように、あなたのイメージに合う曲にしたら？
F1：うーん、でも、やっぱり自分が弾きたいと思ってた曲にしたいな。誰とも重ならなければいいですよね？
F2：そんなに気に入ってるなら、そうしたら？　先生、いかがでしょうか。
M ：じゃあ、そうしましょう。

娘が弾くことになった曲はどれですか。
　1．夢の旅
　2．思い出の季節
　3．一つの世界
　4．喜びの曲

2番　　　トラック42

問題用紙に何も印刷されていません。まず話を聞いてください。それから、質問と選択肢を聞いて、1から4の中から、最もよいものを一つ選んでください。

友人3人が食事をしながら箸の持ち方について話しています。

F1：ねえ田中君の箸の持ち方、なんか変じゃない？　食べにくそう。持ち方、直したら？

M：　そんなに変かな？

F1：見た目が悪いよ。大人のくせに、箸もまともに使えないのかって馬鹿にされたら恥ずかしいでしょ。

M：　人に迷惑かけてるわけじゃないし、別にいいと思うんだけど。

F2：あのね、実は私も前、持ち方が変で友達にからかわれたの。だから正しい持ち方を練習したんだ。練習するうちに上手に使えるようになって、食べ方がきれいになったの。

M：　ふーん。そういえば食べ終わったあとの俺のテーブル、食べ物がぽろぽろ落ちてるなあ。

F2：でしょう？　私もそうだった。でもそれって一緒に食べる人から見たら気持ちのいいもんじゃないんだよ。

M：　うーん……。

F1：就職して、取引先の人と食事したときに悪い印象を与えたらどうする？　仕事に影響するかもよ。

M：　そうか。見た目って重要だよな。じゃあ、努力してみるか。

F2：うん。食べ物が落ちるともったいないし。頑張ってね。

M：　うん。

男の人はなぜ箸の持ち方を直すことにしましたか。
1．食べにくいと感じたから
2．人に馬鹿にされたから
3．食べ方がきれいになるから
4．食べ物がもったいないから

3番　　　　トラック43

まず話を聞いてください。それから、二つの質問を聞いて、それぞれ問題用紙の1から4の中から、最もよいものを一つ選んでください。

デパートの人が石けんの説明をしています。

F1：今日は植物で作られた石けんを4種類ご紹介いたします。色によって香りや効果が異なりますので、体調や目的に合わせてお選びください。まず赤は木の香りが全身の疲れを取り、体を癒してくれます。黄色はスーッとした香りが脳を刺激し、やる気を引き出してくれます。また白は、甘い香りが気持ちを落ち着かせ、深く眠ることができます。赤の効果に、さらに精神的な不安や緊張を解きほぐす効果を加えたのが緑で、さわやかな花の香りをお楽しみいただけます。

F2：ねえ、最近、疲れが取れないって言ってたよね。

M：うん、いろいろ忙しいからな。

F2：じゃ、体の疲れを癒してくれるのがいいんじゃない？

M：うん……、でも、今はぐっすり寝たい気分なんだ。

F2：そう。じゃ、睡眠を促す効果があるのがいいね。

M：そうだね。

F2：私は最近、残業ばっかりで疲れてるの。ストレスもたまってるし。

M：じゃ、体だけじゃなくて、精神的にもリラックスできるのがいいんじゃない？

F2：そうだね。あ、でも、もし頭がすっきりして、頑張ろうっていう気持ちになったら、仕事の効率、上がるかな。

M：うん、そうかもね。

F2：そうしたら残業が減って、ストレスもなくなるかもしれないね。じゃ、これにしてみる。

質問1
この男の人にはどの石けんが最も効果的ですか。

質問2
この女の人はどの石けんを買おうと考えていますか。

正答数記入表

名前

◎：よくできています。　○：続けて勉強しましょう。　△：もっと勉強しましょう。

試験科目	分野			正答数／問いの数	◎	○	△
	問題番号	解答番号					
言語知識・読解	文字・語彙	問題1	1～6	漢字読み /6	6	5-4	3-0
		問題2	7～13	文脈規定 /7	7	6-4	3-0
		問題3	14～19	言い換え類義 /6	6	5-4	3-0
		問題4	20～25	用法 /6	6	5-4	3-0
			文字・語彙 計	/25 (%)			
	文法	問題5	26～35	文の文法1（文法形式の判断） /10	10-9	8-7	6-0
		問題6	36～40	文の文法2（文の組み立て） /5	5	4-3	2-0
		問題7	41～45	文章の文法 /5	5	4-3	2-0
			文法 計	/20 (%)			
	読解	問題8	46～49	内容理解（短文） /4	4	3	2-0
		問題9	50～58	内容理解（中文） /9	9-8	7-6	5-0
		問題10	59～62	内容理解（長文） /4	4	3	2-0
		問題11	63～65	統合理解 /3	3	2	1-0
		問題12	66～69	主張理解（長文） /4	4	3	2-0
		問題13	70～71	情報検索 /2	2	1	0
			読解 計	/26 (%)			
聴解		問題1	1～6	課題理解 /6	6	5-4	3-0
		問題2	1～7	ポイント理解 /7	7	6-4	3-0
		問題3	1～6	概要理解 /6	6	5-4	3-0
		問題4	1～14	即時応答 /14	14-13	12-9	8-0
		問題5	1～3 (2)	統合理解 /4	4	3	2-0
			聴解 計	/37 (%)			

著者
千駄ヶ谷日本語教育研究所（せんだがやにほんごきょういくけんきゅうじょ）

表紙デザイン
岡本健＋阿部太一［岡本健＋］

日本語能力試験Ｎ１　模擬テスト〈２〉

2011年9月15日　初版第1刷発行
2022年12月5日　第 6 刷 発 行

著　者　千駄ヶ谷日本語教育研究所
発行者　藤嵜政子
発　行　株式会社　スリーエーネットワーク
　　　　〒102-00083　東京都千代田区麹町3丁目4番
　　　　　　　　　　　トラスティ麹町ビル2F
　　　　電話　営業　03（5275）2722
　　　　　　　編集　03（5275）2725
　　　　https://www.3anet.co.jp/
印　刷　ケーワイオフィス

ISBN978-4-88319-575-6　C0081
落丁・乱丁本はお取替えいたします。
本書の全部または一部を無断で複写複製（コピー）することは著作権法上での例外を除き、禁じられています。

問題冊子 1

Language Knowledge・Reading
(Vocabulary/Grammar)

日本語能力試験N1 模擬テスト〈2〉
スリーエーネットワーク

N1
言語知識・読解
(文字・語彙・文法)
(110分)

注　意
Notes

1. 試験開始の合図があるまで、この問題冊子を開けないでください。
   Do not open this question booklet before the test begins.

2. この問題冊子を持ち帰ることはできません。
   Do not take this question booklet with you after the test.

3. この問題冊子は、全部で33ページあります。
   This question booklet has 33 pages.

4. 受験番号と名前を下の欄と解答用紙に、はっきりと書いてください。
   Write your registration number and name clearly in each box below and on the answer sheet.

5. 問題には解答番号の 1 、 2 、 3 …が付いています。答えは、解答用紙にある同じ番号の解答欄にマークしてください。
   A row number, 1, 2, 3, etc., …is given for each question. Mark your answer in the same row of the answer sheet.

受験番号　Examinee Registration Number

名 前　Name

問題1 ＿＿＿の言葉の読み方として、最もよいものを1・2・3・4から一つ選びなさい。

1 この国立公園の広さは、東京都の広さに匹敵する。
　　1 ひきてき　　　2 ひてき　　　3 ひいてき　　　4 ひってき

2 彼の数学の成績は他の科目と比べて極端に低い。
　　1 きょくたん　　2 きょくは　　3 ごくたん　　　4 ごくは

3 彼はなかなか本音を言わない人だ。
　　1 もとおん　　　2 ほんおん　　3 もとね　　　　4 ほんね

4 長い間修行を続けた結果、彼は自分の店を持てるようになった。
　　1 しゅうぎょう　2 しゅうこう　3 しゅぎょう　　4 しゅこう

5 景気が悪くなり、税金の支払いが滞る人が増えている。
　　1 つまる　　　　2 つかえる　　3 とどまる　　　4 とどこおる

6 あの写真家は世界中の海に潜って、珍しい魚の写真を撮影している。
　　1 かすって　　　2 もぐって　　3 たどって　　　4 こもって

問題2 （　　　）に入れるのに最もよいものを1・2・3・4から一つ選びなさい。

[7] 法案は（　　　）一致で可決された。
　　1　満載　　　　2　満場　　　　3　満票　　　　4　満席

[8] 来日したばかりのころは誰も頼る人がいなくて、不安で（　　　）毎日だった。
　　1　こころぼそい　2　おとなしい　3　いやしい　4　はかない

[9] （　　　）この辺りは海だったが、現在は陸となっている。
　　1　かつて　　　2　いまだ　　　3　やがて　　　4　もはや

[10] 頼んでいた車の修理が終わったので、店に（　　　）に行った。
　　1　引き受け　　2　引き取り　　3　引き上げ　　4　引き下げ

[11] 仕事を頼まれたとき（　　　）断らなかったために、相手に期待をさせてしまった。
　　1　くっきり　　2　きっぱり　　3　じっくり　　4　てっきり

[12] 知り合いが病気で入院したので、病院へ（　　　）に行った。
　　1　面会　　　　2　面談　　　　3　面接　　　　4　面目

[13] 彼は能力が認められ、このチームの重要な（　　　）についた。
　　1　スペース　　2　ジャンル　　3　ポジション　4　レギュラー

問題3 ＿＿＿の言葉に意味が最も近いものを1・2・3・4から一つ選びなさい。

[14] この地域に伝わる昔話にはこっけいなものが多い。
　　1　あかるい　　　2　かんたんな　　　3　おもしろい　　　4　まじめな

[15] 収入が増えてきたが、まだ家族で旅行できるようなゆとりはない。
　　1　機会　　　　　2　休暇　　　　　　3　展望　　　　　　4　余裕

[16] あの会社はいつもユニークなサービスを提供している。
　　1　特別な　　　　2　独特な　　　　　3　優秀な　　　　　4　見事な

[17] 会議の冒頭から、活発な議論が展開された。
　　1　途中　　　　　2　全般　　　　　　3　最初　　　　　　4　後半

[18] この建物は古いので、窓枠がゆがんでいる。
　　1　外れて　　　　2　崩れて　　　　　3　曲がって　　　　4　折れて

[19] 残酷なことを言うようだが、あなたの病気を治す方法はまだ見つかっていない。
　　1　ひどい　　　　2　かなしい　　　　3　だいたんな　　　4　よけいな

問題4　次の言葉の使い方として、最もよいものを1・2・3・4から一つ選びなさい。

20　密接
1　スポーツ選手に1日密接して取材をする。
2　肥満と運動量は密接に関係している。
3　あの俳優と女優は密接で特別な仲らしい。
4　上司には常に密接な報告をしたほうがいい。

21　かばう
1　人との約束はきちんとかばうべきだ。
2　マラソンのA選手は怪我をした足をかばいながら走った。
3　これ以上環境破壊が進まないように、自然をかばう必要がある。
4　親はいつも子どもの成長をかばっている。

22　月並み
1　生まれたばかりの子どもは月並みに背が伸びるものだ。
2　月並みには、外国の地名はカタカナで書かれている。
3　休日出勤が月並みで、疲れがたまりついに体を壊してしまった。
4　祝いの席で急に挨拶することになり、月並みなことしか言えなかった。

23　かなえる
1　国民としての義務をかなえるために選挙に行った。
2　1年で利益を2倍にするという会社の目標をかなえるのは難しい。
3　親としては苦労してでも子どもの希望をかなえてあげたい。
4　選手たちはスタンドからの応援をかなえて手を振った。

24 コントロール
1 参加者の希望を聞いて、歓迎会の日程をコントロールしたい。
2 彼女は会社の方針を決定するコントロールを持っている。
3 国は歴史的に価値がある遺跡をコントロールしている。
4 人間の心や体の動きは脳によってコントロールされている。

25 むなしい
1 いくら勉強しても成績が上がらないのでむなしく思う。
2 こんな点数では合格するのはむなしいだろう。
3 この道は人通りが少なく、夜は特にむなしい。
4 この部屋は古くて狭いのに、家賃はむなしく高い。

問題5　次の文の（　　）に入れるのに最もよいものを1・2・3・4から一つ選びなさい。

[26] 彼は実際に見た（　　）、事故の様子を詳細に話した。
1　かのごとく　　2　がさいご　　3　こととて　　4　といえども

[27] 私が頑張るのは、期待をしてくれている両親を失望（　　）。
1　すまいと思えばこそだ　　2　すまいと思うわけだ
3　させまいと思えばこそだ　　4　させまいと思うわけだ

[28] 最近のテレビドラマは大人が見る（　　）ものが少なくてつまらない。
1　にあたらない　　2　にこたえる　　3　にかたくない　　4　にたえる

[29] 勉強をしなかったので、昨日のテストは間違い（　　）意外とできていた。
1　だらけかと思ったら　　2　まみれかと思ったら
3　だらけもさることながら　　4　まみれもさることながら

[30] 景気の後退期（　　）、経営者は生き残る方法を必死に模索している。
1　にそくして　　2　にあって　　3　につけ　　4　にあたって

[31] 出張で北海道へ行った（　　）、こんなにたくさんの土産を持って帰るのは大変だっただろう。
1　ついでにしては　　2　ついでとはいえ
3　ところにしては　　4　ところとはいえ

[32] 授業料の納入（　　）入学手続きの完了とします。
1　を皮切りに　　2　を契機に　　3　をこめて　　4　をもって

33 人をだましてまで金もうけをしようとは、理解（　　　）。
　1　しがたいというよりほかない　　　2　せざるをえないというよりほかない
　3　しがたいほどではない　　　　　　4　せざるをえないほどではない

34 私の家は山の中にあって環境のよさが自慢だが、田舎（　　　）不便なことも多くある。
　1　はおろか　　　2　からして　　　3　ゆえに　　　4　ですら

35 お客様、いかがですか。こちらの商品は（　　　）でしょうか。
　1　お気になさった　　　　　　2　お気にめした
　3　お気にいられた　　　　　　4　お気にかけられた

問題6 次の文の ___★___ に入る最もよいものを1・2・3・4から一つ選びなさい。

（問題例）

ここに ＿＿＿ ＿＿＿ ★ ＿＿＿ 貼_はります。

1　紙を　　　　2　書いた　　　　3　会議の　　　　4　予定を

（解答の仕方）

1．正しい文はこうです。

　ここに ＿＿＿＿＿ ＿＿＿＿＿ ＿＿★＿＿ ＿＿＿＿＿ 貼ります。
　　　　3　会議の　4　予定を　2　書いた　1　紙を

2．___★___ に入る番号を解答用紙にマークします。
　　　　　（解答用紙）　例　① ● ③ ④

36　キムさんは希望していた ＿＿＿ ＿＿＿ ★ ＿＿＿ 充実した生活を送っている。

1　以来　　　　2　就職して　　　　3　忙しいながらも　　　　4　企業に

37　入口の扉が ＿＿＿ ＿＿＿ ★ ＿＿＿ 売り場を目指して走り出した。

1　目当ての　　　　2　客たちは　　　　3　が早いか　　　　4　開く

38　彼なりに ＿＿＿ ＿＿＿ ★ ＿＿＿ 原因はやはり勉強不足だろう。

1　努力した　　　　　　　　　2　にはいたらなかった
3　合格する　　　　　　　　　4　とは言うものの

39 司会を誰にするかみんなで話し合ったところ、＿＿＿ ＿＿＿ ★ ＿＿＿ という結論になった。
1　山田さん　　　　　　　　　　2　にかけては
3　明るい雰囲気を作ること　　　　4　をおいていない

40 今年の授賞式には去年グランプリを受賞した＿＿＿ ＿＿＿ ★ ＿＿＿ 音楽ファンの注目が集まっている。
1　出席するだけに　　2　にもまして　　3　例年　　　4　人気グループが

問題7　次の文章を読んで、文章全体の趣旨を踏まえて、 41 から 45 の中に入る最もよいものを1・2・3・4から一つ選びなさい。

（前略）三四年前にNASA(注1)の宇宙飛行士のAさんから話を聞く機会があった。Aさんが地球を眺めた感想は 41 。

——まるで見えない糸で釣られたガラス玉のようでした。もろくて、すぐこわれそうな気がしました。

この印象はひどくぼくの胸を打った。そう、地球はもろいのだ。すぐにでも死滅してしまうちっぽけな星屑なのだ。

42 その上に茫大な大気と水と、何十億もの人間と、その何億倍かの生物がしがみついて住んでいるのだ。

この感慨は、口ではいうのはたやすいが地上の人間には実感が湧くまい。地球を外から眺めた人間だけが抱くことの 43 。だが、そうはいっていられない。

人間は、果てしなく賢明で、底知れずおろかだ。このこわれやすい地球に対してどう対処するかは、ここ百年ぐらいで選択がきまる……でもこれは、やりなおしのきかない、一度限りの選択になるだろう。

人間性原理、という理論物理学の考え方がある。 44-a が存在するから 44-b が存在するのだという論理である。あらゆる物理学上の問題を人間の立場で人間本位に考える、それはわれわれが人間だから仕方がないことだろうが、あまりにもエゴイスティック(注2)で他の生命体に差別をしすぎるのじゃないか、といつも首をかしげる(注3)。（中略）運命共同体としての生きもの、その一員にしかすぎない人間、という解釈を持っている 45 。（中略）

宇宙に人間がもっと旅立っていけば、宇宙飛行士Aさんのような感慨を抱く人はもっとふえ、地球という運命共同体の中で生きものと人間との暖かいふれあい、助けあいの運動は大きく進むだろう。

（手塚治虫「この小さな地球の上で」『NHK地球大紀行　1　水の惑星・奇跡の旅立ち引き裂かれる大地／アフリカ大地溝帯』日本放送出版協会による）

（注1）NASA：アメリカ航空宇宙局
（注2）エゴイスティック：自分勝手、自分の利益だけを求めて考えたり行動したりすること
（注3）首をかしげる：不審に思う、疑問があって首を傾ける

41
1 そうだった
2 そういうことになった
3 こうだった
4 こういうことになった

42
1 だが
2 なお
3 つまり
4 そこで

43
1 できるものだろう
2 できないものだろう
3 できるものだろうか
4 できないものだろうか

44
1 a 地球　／　b われわれ生物
2 a われわれ生物　／　b 地球
3 a 宇宙　／　b われわれ人間
4 a われわれ人間　／　b 宇宙

45
1 ものである
2 はずである
3 ようである
4 からである

問題8　次の文章を読んで、後の問いに対する答えとして、最もよいものを1・2・3・4から一つ選びなさい。

　研究は、想像力の要求される仕事である。論理をこつこつとつみかさねていって到達できる結論というものはしれたものである。想像力によって、過去に記憶された情報と情報の意外な結びつきが起こるときに、論理を越えた大きな発見に導かれることが多い。一見、何の関係もなさそうに見えることがらのあいだに直感的に関連を見いだすには、想像力の助けが必要である。記憶された情報量が少ないときには想像する内容も貧弱になる。

（柳澤桂子『安らぎの生命科学』早川書房による）

|46| 筆者は想像力についてどのように述べているか。
1　想像力は情報を論理的に結びつける際に役に立つ。
2　想像力は過去に記憶した情報を思い出すのに必要である。
3　想像力は小さなことがらを直感的に見いだすために使われる。
4　想像力は関係なく見えることがらに関連性を見つけ出す助けとなる。

```
                                            2月6日
お客様各位
                                        (株) JSシューズ
                                        販売部長　西　一郎
```

　　　　　　　　　　おわびとお知らせ

拝啓
　このたび、運動用シューズ　JST２におきまして、素材表示に誤りがあることが判明いたしました。すでにお買い上げいただきましたお客様には、①ご迷惑をおかけしましたことを深くおわび申し上げます。
　なお、お客様がお手持ちの当該商品の機能性に影響はなく、品質を損なうものではございませんので、引き続きご使用いただけます。
　今後は、同じような誤りが二度と起きないよう、万全を期してまいりますので、どうかご理解をいただきますようよろしくお願い申し上げます。
　　　　　　　　　　　　　　　　　　　　　　　　　　　　　　　　　　敬具

[47] ここでの①ご迷惑をおかけしましたとはどのようなことか。
1　客に売った商品が注文と違っていたこと
2　誤った情報を表示した商品を売ったこと
3　店に来た客に誤った情報を伝えたこと
4　質に問題がある商品を売ったこと

誰もがいつか自分が老いることを知識としては知っている。ならば、老いないように努力すればよさそうなものだが、そのような人はほんの一握りで、多くの人は老いなどというものは遠い将来の話だと考えている。速く歩けなくなったり、人の名前が思い出せなくなったりしたぐらいでは、自分が老いたとは認めたがらない。人の手を借りないと生活できなくなってはじめて、老いを実感するのである。①老いを現実のものとして受け止めることの難しさはそこにある。

48 ①老いを現実のものとして受け止めることが難しいのはなぜか。
1 若いうちは自分が老いたときの生活を想像することが難しいから。
2 生活するのに人の助けが必要になるまで自分が老いたとは思わないから。
3 老いてしまったのは自分自身が努力しなかったからだと実感しないから。
4 誰にでもいずれ老いが訪れるという現実を知らないため努力できないから。

これまでの人類は、「今、自分たちに得になること」を重視して様々な活動を行ってきた。その結果、環境を大きく変えることになり、深刻な環境問題を生んだのである。これからは、その轍を踏む(注)べきでない。そこで、生態系を保全しようとするときには、その行為が、"今の"人類にとって得か損かという尺度で評価するのではなく、百年後、千年後、一万年後まで人類が生き残るため、またそのときでも人類が健やかに生きていけるということを基準として、考えるべきであろう。

（花里孝幸『自然はそんなにヤワじゃない――誤解だらけの生態系』新潮選書刊）

(注) 轍を踏む：前の人がした失敗と同じ失敗を繰り返す

49 筆者が生態系を守るために必要だと考えていることは何か。
1. 大きく変わった生態系を元の状態に戻すこと
2. 深刻な環境問題を生んだ活動をやめること
3. 今の人類にとって何が得か損かを判断すること
4. 未来の人類にとって有益かどうかを考え行動すること

問題9 次の文章を読んで、後の問いに対する答えとして、最もよいものを1・2・3・4から一つ選びなさい。

　相手に向かって、否定的な言葉を発するばかりが、否定的な表現ではない。
　我々は相手によっては、あからさまに否定することができない局面をたくさん持っている。(中略)
　私たちは、他人の話を聞くときに、同意していようがいまいが、多少は頷かなければならない。しかし、頷いているからといって、必ずしも同意しているわけではない。そのことを表現したいときにはどうすべきか。①そんな時は、間や話の切れ目に関係ないところで頷くのである。相手の流れと無関係に頷けば、本当に頷いたことにはならない。
　また、「同意の頷き」は過不足なく行われる。「頷かない」のも否定なら「頷き過ぎ」も実は否定であることが多い。「ハイ」と一回返事すれば同意だが、「ハイハイ」ならば不承不承というのと似ている。
　目安でいうと、四回以上続けて頷くと「否定」である。政治家の討論番組などを見ていると、野党の議員が喋っている間中、与党の議員が②頷き続けていることがある。これは実は相手の話をまったく聞いていないということになる。「ハイハイ、あんたの言うことはいつもそればっかりだ。わかってますよ」というメッセージなのである。

(竹内一郎『人は見た目が9割』新潮新書刊)

[50] ①そんな時とはどのようなときか。
1 相手の話の流れがまだよくわかっていないとき
2 相手の話を否定しているとはっきり表現したいとき
3 相手の話に同意していると思われたくないとき
4 相手の話に同意していることを過不足なく伝えたいとき

[51] ②頷き続けているとあるが、どのような気持ちを表しているか。
1 野党議員の話はわかりきっていて聞く必要はないという気持ち
2 野党議員の話もしっかり聞いていると番組の視聴者に訴える気持ち
3 野党議員の話に同意しているように見せたいという気持ち
4 野党議員の話には以前から納得しているという気持ち

[52] 頷くことについて筆者の考えと合っているものはどれか。
1 同意のときも否定のときも、回数を決めて頷けば相手にメッセージが伝わる。
2 回数やタイミングで、頷くことが同意の意味にも否定の意味にもなる。
3 同意しているかどうかを明確にしたくないときには、何回も頷けばいい。
4 政治家のように頷き過ぎると自分のメッセージが相手に伝わりにくくなる。

（前略）失敗への最善の対処法は、やはり起こる前から準備すること、これに尽きます。
（中略）

　これから起こる可能性のある失敗について考えるとき、ふつうは時系列(注1)や原因から結果という因果関係に従って、「どんなときにどんな失敗が起こり得るか」を想定します。①「逆演算」の場合は、これとは反対のものの見方をします。まず具体的にどんな失敗が起こるかという結果を思い浮かべて、そこから遡りながら、その失敗を誘発する原因を検討していくのです。

　もちろん、失敗のシナリオは、原因から結果を見ていく順方向の見方を使っても考えることができます。しかし、この方法では起こり得るすべての可能性を、同じような価値のものとして検討していかなければならないので、莫大な作業が必要となり、結果として必ず②想定漏れの問題が出てきます。

　これに対し逆演算の見方だと、最初に具体的な結果を想定して、そこから遡って原因を考えることができるので、真っ先に自分が一番避けたい大きな失敗をピックアップする(注2)ことができます。

　つまり、逆演算を使うことで、自分が最も起こってもらっては困ると考える致命的な失敗をまず検討できるのです。まず重大な失敗を想定し、それが起こり得る状況をつぶさに(注3)検討することで、仮に失敗した場合でも被害を最小限に抑えることも可能なのです。

（畑村洋太郎『回復力　失敗からの復活』講談社現代新書による）

（注1）時系列：時間の経過の順に物事を考えること
（注2）ピックアップする：選び出す
（注3）つぶさに：細かく、詳しく

[53] ①「逆演算」の場合、最初に考えることは何か。
1　これからどのような失敗をするか
2　いつもどのようなときに失敗するか
3　これからどうしたら失敗しないか
4　いつもどうして失敗するのか

[54] ②想定漏れの問題が出てくるのはなぜか。
1　これまでに経験した失敗が少なすぎて考えられないから。
2　失敗を誘発する原因がなかなか思い付かないから。
3　失敗の原因になり得ることを予想しきれないから。
4　すべての失敗を同じ価値で検討することができないから。

[55] ここで筆者が述べている「失敗への対処法」とはどのようなことか。
1　失敗の可能性がどのぐらいあるか計算し、心の準備をしておくこと
2　自分にとって最も避けたい失敗を想定した上でその原因を考えておくこと
3　今までに経験した失敗の中から重要な失敗を選んでおくこと
4　ある状況が失敗につながるかどうかをできるだけ細かく検討しておくこと

尊敬する人というのは、ライバル意識を燃やして対抗したり、あるいは見習おうとして背伸びをするといったレベルではおさまらない人物のことではないだろうか。また、何か大きなことをしてくれた「恩人」と常にイコールになるわけでもない。

　私にとって中西悟堂(注1)がそうであるように、①尊敬する人というのは、とても自分にはかなわない、真似もできないほど「すごい」と感嘆してしまうような人なのではなかろうか。諸手を挙げて(注2)降参し(注3)、「参りました(注4)」と言いながら、「それでもあなたのようになりたいです」と振り仰いでしまう。その人が直接自分に手を貸したり恩をくださったりしなくても、その人と何かしらの接点をもつだけで生き方も世界観も変えられてしまう、そんな人物なのではなかろうか。

　だとすれば、そんな人は、おいそれと(注5)は現われないのもまた現実のように思う。「尊敬する」ことがそれほど重い気持ちであれば、無条件に「両親」とか「先生」という答えばかりが飛び出すのは②不自然であろう。

　そして、こういう人と出会って心から尊敬できることは、取りも直さず私たち自身が誠に幸せな心を得るということなのではあるまいか。

　人間として本当に敬意を表わする(注6)ことができる人に出会うには、まず私たち自身が心のアンテナをしっかりと張り詰めて、「そういう人」たちと出会う準備を整えておかなければならないように、私には思えるのである。

　　　　　　　　　　　　（三宮麻由子『目を閉じて心開いて』岩波ジュニア新書による）

（注1）中西悟堂：野鳥研究家・歌人・詩人（1895年〜1984年）
（注2）諸手を挙げる：無条件に、または心からそのことを受け入れる
（注3）降参する：戦いや争いに負けて、相手に従う
（注4）参る：負ける
（注5）おいそれと：簡単に、すぐに
（注6）表わする：表す

56 ここでの①尊敬する人というのはどのような人か。
1 ライバル意識を持って対抗したり、その人の言動を真似したりしようと思う人
2 何か援助をしてくれ、大きな恩恵を与えてくれるような人
3 接点をもった人に感嘆し、自分が負けたことを素直に認められる人
4 真似できないほどすばらしいが、それでもその人のようになりたいと思える人

57 ②不自然なのは何か。
1 自分とは明らかに力の差があるのにその人のようになりたいと思うこと
2 身近に存在しない人にたいして尊敬の気持ちを持つようになること
3 多くの人が身近な人を尊敬する人に挙げること
4 尊敬する人はすぐに自分の前に現われないということ

58 尊敬する人と出会うために筆者が必要だと考えていることは何か。
1 自分の意識を鋭敏にすること
2 どんなときも幸せでいられるように心掛けること
3 他人に対抗意識を持たないこと
4 生き方や世界観を変える準備をすること

問題10　次の文章を読んで、後の問いに対する答えとして、最もよいものを１・２・３・４から一つ選びなさい。

　（前略）花々は、「自分の子孫を残したい」との願いを込めて、他種の花と、仲間の花と、昆虫たちを誘い込む魅力を競い合っている。
　あるものは、寄ってきてくれた虫をうまく利用できるように、虫にへばりつきやすいねばり気のある花粉を用意する。入ってきた虫に花粉がつきやすいように、虫たちの目的である蜜は奥にしまい込む構造をした花もある。
　甘い香りは、昆虫たちを誘う。「旅路の果てまでついてくる」と歌われるクチナシの花の香りは、①その代表的なものである。キンモクセイも、印象深い秋の香りを発散させる。ゲッカビジンも、甘い芳香を真夜中に漂わせる。
　しかし、これらの花々でも、つぼみのときには、香りがない。つぼみには、青臭い青葉の香りがするものが多い。つぼみが開きはじめると、一気に、心地よい花の香りが発散してくる。なぜ短時間に、急に、香りが漂いはじめるのだろう。
　まず思い浮かぶのは、「つぼみのときに、すでに香りがある」可能性である。「花びらが閉じているので、香りも閉じこめられた状態となり、外へ出てこないのではないだろうか」と考えられる。もしそうなら、つぼみの花びらをほどいていけば、中から香りが漂ってくるはずである。しかし、②どんなにていねいにつぼみを開いても、香りは出てこない。
　「閉じたつぼみの中に香りがないのなら、つぼみが開くにつれてつくられてくる」可能性が考えられる。しかし、香りの成分は、何段階もの反応でつくられる複雑な構造の物質が多く、そんなに短時間でつくれるようなものではない。
　ほんとうは、香りになる直前の物質がつぼみにつくられているのである。ところが、これは発散しないように、余分な構造物がくっついている。香りとして発散しないように③重りがついている状態を想像すればよい。香りとなるには、余分な構造物がとれればよい。つぼみが開くにつれて、重りが切り離され、香りは発散し漂っていく。
　それなら「開きつつある花は、重りを切るものをもっているのか」という疑問が思い浮かぶ。その通りである。ジャスミンの一種やクチナシのつぼみをつぶした液に、開いた花から香りを除いた液を混ぜれば、香りが発散する。つぼみには香りになる直前の物質、開きつつある花にはそれを香りとして発散させる物質が存在しているのだ。
　風や昆虫などを利用するための、このようなさまざまな工夫やしくみが生かされるため

には、同じ種類の花は同じ時期に開いていなければならない。花粉を風で飛ばしても虫に運ばせても、同じ時期に、それを受け取る仲間の花が開いていないことを想像すれば、この意義はよくわかる。さまざまの工夫やしくみが、まったく無駄になるだろう。

(田中修『つぼみたちの生涯』中公新書による)

59 ①その代表的なものとは何の代表か。
1　歌になっている香り
2　昆虫を集めるための香り
3　いつまでも消えない香り
4　秋らしい印象深い香り

60 ②どんなにていねいにつぼみを開いても、香りは出てこないとあるが、筆者はこのことによって何がわかると述べているか。
1　香りが出るようにつぼみを開くのは難しいこと
2　花が開く瞬間に香りの成分がつくられること
3　香りの成分は複雑で短時間ではつくれないこと
4　花が開く前のつぼみの中には香りはないこと

61 ③重りとはどのようなものか。
1　香りのもとになる物質
2　つぼみが開かないようにする物質
3　香りが出るのを止めている物質
4　余分な構造物をとってしまう物質

62 この文章からわかる「花々が香りを出すしくみ」とはどのようなものか。

1 つぼみが開くときに何段階もの反応が起こり、香りの成分が一気につくられる。

2 つぼみの中にある香りのもとの物質が、つぼみが開くと香りとなって広がる。

3 つぼみの中にある香りの成分が、虫や風に運ばれて香りとなって外に出てくる。

4 つぼみが開くにつれて、つぼみについている余分な構造物が香りを発散する。

このページには問題が印刷されていません。

問題11 次のAとBは同じテーマについてのそれぞれ別の新聞の投書である。AとBの両方を読んで、後の問いに対する答えとして、最もよいものを1・2・3・4から一つ選びなさい。

A

大学生を含む若者が自分の意にはんして高額な商品を契約させられるケースが後を絶たない。自立した社会生活を送るためには、契約などに対する知識が必要となる。そのためには消費者としての自覚を促す教育を行わなければならない。

消費者としての教育は、義務教育である中学校の段階で、教育内容の一つとして行うのが妥当だと考える。早すぎるという意見もあるかもしれないが、義務教育修了後は、社会の中で自立した個人としての行動が求められて当然である。

また、昔と違い、インターネットショッピングなど簡単に物を買うことができる環境の中で育ってきていることも、早めに自覚を促す必要があると考える理由の一つである。

若者が不当な契約を結ばされたり、身に覚えのない商品の請求を受けるなどの被害に遭わないためにも、消費に関する教育を早く始めてもらいたいものだ。

（六十五歳　会社役員）

B

最近、消費に関する教育が話題となり、中学校での教育に取り入れようという意見がある。若者が社会で生きていく力を身に付けることは大切であり、社会人として必要な知識を早い段階から学ぶべきであろう。

しかし、これは中学校で教えるべき内容だとは思えない。たしかに、義務教育である中学校を卒業したあとは自立すべきだから、社会人として必要な消費者教育もすべきだと考える人もいるだろう。

しかし、実際に中学校卒業後すぐに社会人になる者は少ない。消費者教育が必要ないとは言わないが、中学校で学ぶべき大切なことは他にもたくさんあると思うのだ。

早期の消費者教育は、まず普段の生活の中で行われるべきで、各家庭でいちばん身近な親から教えられ学ぶことが最善の方法ではないだろうか。

（五十歳　公務員）

63 AとBのどちらの記事にも触れられている内容はどれか。
1 子どもが育ってきた環境
2 消費に関する教育
3 教育において家庭が果たす役割
4 消費に関する被害の例

64 若者が消費に関する知識を得ることについて、Aの筆者とBの筆者はどのような立場をとっているか。
1 AもBも、好意的である。
2 AもBも、批判的である。
3 Aは好意的であるが、Bは批判的である。
4 Aは批判的であるが、Bは好意的である。

65 中学校で消費に関する教育を積極的に行う必要がないと考える理由は何か。
1 中学生が学ぶには難しい内容だから。
2 社会人になるまで知らないほうがいいから。
3 学校の先生より親のほうが知識が豊富だから。
4 学校よりも学ぶのに適した場があるから。

問題12　次の文章を読んで、後の問いに対する答えとして、最もよいものを1・2・3・4から一つ選びなさい。

　周囲のだれもがそれらしい気配を見せていないにもかかわらず、ひとりだけすべての人にさきがけて風邪をひいてしまうくらい、愚かしいことはない。明らかに頭痛があり、熱も上がり、鼻水もたれ、咳をし、目が充血し、風邪であることを示すあらん限りの兆候を並べたててみせても、人はたいてい「本当かしら。」という目で見るだけで、決して同情はしてくれない。仮病とはみなされないまでも、何かしら本人の落ち度によるものではないかと疑われ、こちらがちょっと油断をすると、むしろ①非難されかねないのである。
　人一倍ナイーブな感受性があったればこそ、未知のインフルエンザ(注1)・ビールス(注2)の飛来をいちはやく感知したのかもしれないのであるから、それを本人の落ち度呼ばわりされてはたまったものではないが、②時代の先行者というものは得てして(注3)、そのような孤独を味わわされるものなのである。しかも、そのインフルエンザがいよいよ猛威をふるい、周囲のほとんどすべての人々が風邪でバタバタと倒れ始めたとき、当の本人はケロリと治ってしまっているのだから、よけい③始末が悪い。こちらが苦しんでいるときには同情もしなかったくせに、一般大衆という奴は、みんなが苦しんでいるときにひとりだけ元気な人間がいるのを見ると、まるで人でなしみたいに考える傾向があるのだ。
　風邪は、日常やや親密につきあっている人が三十人いるとして、その五人目くらいに感染してみせるのが、いちばんいい。五人目となると、周囲もその種の事柄にかなり敏感になっているから、ほぼ鼻をすすってみせたくらいで「あなた、風邪じゃない？」と、向こうから引っかかってくるし、まだ流行は食いとめられるかもしれないという可能性が残されているから、看病にも熱が入る。すでに風邪をひいている人間は、先行者としての体験を話したがるし、まだひいてない人間は、用心のためにこちらの容態を確かめたがるから、おのずから病床も、にぎやかなものとなる。
　三十人のうち、十人以上が風邪をひいてしまったら、もうその後では風邪なんか、ひかないほうがいい。「十七人目だよ。」ということになれば、もうだれも感動はしてくれないし、「おや、あいつもかい。」という程度に軽くいなされ、「これはもう、流行するだけ流行させてしまわなければとどまるものではない。」とみんな考え始めているから、看病も勢いいいかげんなものとなり、「温かくして寝ていることさ。」とこちらを病床に残して、みんなで遊びに出かけてしまったりする。だれもいない家の中で、ひとり風邪で寝ているくら

い、惨めなものはない。

(別役実『日々の暮し方』白水Uブックスによる)

(注1) インフルエンザ：広義の風邪、風邪の一種でインフルエンザ・ウイルスが原因
(注2) ビールス：目には見えない小さい生物の一種、ウイルス
(注3) 得てして：ある状況になりやすいようす

66　①非難されかねないとあるがどのような非難か。
1　周りの人に風邪の症状を訴える必要はないという非難
2　風邪をひいているなら家で寝ているべきだという非難
3　自分で気を付けないから風邪をひいたのだという非難
4　風邪をひいたふりをするのはおかしいという非難

67　筆者が言っている②時代の先行者とは具体的にどんな人のことか。
1　何でも最初にしたがる人
2　周囲の人々の中でいちばん先に風邪をひいた人
3　いちばんはじめに病院に行った人
4　まだだれも知らないウイルスを見つけた人

68　③始末が悪いとあるがどのようなことか。
1　どんなに苦しんでいてもだれにも同情してもらえないこと
2　周りに決して同情しない人間であると非難されること
3　みんなにインフルエンザをうつしたと責められること
4　ひとりだけ元気なため周囲に冷たい目で見られること

69　この文章で筆者が最も言いたいことは何か。
1　風邪やインフルエンザは流行を止めるより、流行させたほうがよい。
2　風邪やインフルエンザで看病してもらうことほどうれしいことはない。
3　風邪やインフルエンザをひいたとき惨めなのは、ひとりで家にいることだ。
4　風邪やインフルエンザで同情してもらうためには、ひくタイミングが大切である。

問題13　右のページは、大学の就職課で掲示されたインターンシップ募集のリストである。下の問いに対する答えとして、最もよいものを1・2・3・4から一つ選びなさい。

[70]　フランス出身で文学部3年のドミニクさんは、日本語能力試験Ｎ1、英語能力試験746点を取得した。この学生が参加できるインターンシップはいくつあるか。
1　5つ
2　6つ
3　7つ
4　8つ

[71]　中国出身で機械工学専攻2年のヤンさんは、日本語能力試験Ｎ1、英語能力試験512点を取得した。この学生が参加できるインターンシップはどれか。ただし9月13日から20日は中国に帰国するため、インターンシップに参加できない。
1　カルビス飲料
2　大日本製鉄
3　タンプスタッフ
4　ポナソニック

外国人留学生対象　インターンシップ受け入れ会社一覧

	会社名	内容	期間	応募条件
1	カルビス飲料	販売促進資料作成 売上データ集計	8月18日～ 8月22日	学部不問 日本語能力試験N1 英語能力試験550点以上
2	シロネコ運輸	物流実務	10月8日～ 10月12日	文系学部の学生 英語能力試験450点以上
3	スターホテル	ホテル業務全般	9月3日～ 9月16日	学部不問 日本語能力試験N2以上 英語能力試験500点以上
4	大日本製鉄	製鉄場工程管理	11月12日～ 11月23日	工学専攻の学部3年または4年 日本語能力試験N1
5	たかき乳業	乳牛の飼育 乳製品製造補助	9月22日～ 10月5日	農学・生物学・生命工学専攻 日本語能力試験N2以上
6	タンプスタッフ	資料の中国語への翻訳 中国事務所との連絡	9月15日～ 9月26日	学部不問 日本語能力試験N2以上 中国出身者に限る
7	東京エアポートサービス	空港での旅客案内業務	9月1日～ 11月30日	学部不問 英語能力試験600点以上 早朝、夜間の実習あり
8	東京化学	化学実験補助	9月8日～ 9月19日	化学専攻の学生 日本語能力試験N1
9	ハソナ	顧客への資料作成	9月22日～ 9月26日	学部不問 日本語能力試験N2以上 英語能力試験700点以上
10	ベンダイ	ゲームの説明書の翻訳	8月18日～ 8月29日	専攻不問 日本語能力試験N2以上 欧米圏出身の学生
11	ポナソニック	測定 データ整理	11月19日～ 11月23日	機械・電気関係専攻の学生 日本語能力試験N1 英語能力は問わない
12	ワトソンホテル	フロント業務	9月1日～ 9月5日	学部不問 日本語能力試験N1 英語能力試験600点以上

※期間を通して参加できる者に限る。

N1 「言語知識（文字・語彙・文法）・読解」解答用紙

受験番号 Examinee Registration Number

名前 Name

〈 ちゅうい Notes 〉

1. くろいえんぴつ (HB、No.2) で かいてください。
   Use a black medium soft (HB or No.2) pencil.
2. かきなおすときは、けしゴムで きれいにけしてください。
   Erase any unintended marks completely.
3. きたなくしたり、おったりしないで ください。
   Do not soil or bend this sheet.
4. マークれい Marking examples

よい Correct	わるい Incorrect
●	⊘ ◎ ◯ ◑ ①

問題 1

1	①	②	③	④
2	①	②	③	④
3	①	②	③	④
4	①	②	③	④
5	①	②	③	④
6	①	②	③	④

問題 2

7	①	②	③	④
8	①	②	③	④
9	①	②	③	④
10	①	②	③	④
11	①	②	③	④
12	①	②	③	④
13	①	②	③	④

問題 3

14	①	②	③	④
15	①	②	③	④
16	①	②	③	④
17	①	②	③	④
18	①	②	③	④
19	①	②	③	④

問題 4

20	①	②	③	④
21	①	②	③	④
22	①	②	③	④
23	①	②	③	④
24	①	②	③	④
25	①	②	③	④

問題 5

26	①	②	③	④
27	①	②	③	④
28	①	②	③	④
29	①	②	③	④
30	①	②	③	④
31	①	②	③	④
32	①	②	③	④
33	①	②	③	④
34	①	②	③	④
35	①	②	③	④

問題 6

例	①	●	③	④
36	①	②	③	④
37	①	②	③	④
38	①	②	③	④
39	①	②	③	④
40	①	②	③	④

問題 7

41	①	②	③	④
42	①	②	③	④
43	①	②	③	④
44	①	②	③	④
45	①	②	③	④

問題 8

46	①	②	③	④
47	①	②	③	④
48	①	②	③	④
49	①	②	③	④

問題 9

50	①	②	③	④
51	①	②	③	④
52	①	②	③	④
53	①	②	③	④
54	①	②	③	④
55	①	②	③	④
56	①	②	③	④
57	①	②	③	④
58	①	②	③	④

問題 10

59	①	②	③	④
60	①	②	③	④
61	①	②	③	④
62	①	②	③	④

問題 11

63	①	②	③	④
64	①	②	③	④
65	①	②	③	④

問題 12

66	①	②	③	④
67	①	②	③	④
68	①	②	③	④
69	①	②	③	④

問題 13

70	①	②	③	④
71	①	②	③	④

以下のサイトから解答用紙がダウンロードできます。
https://www.3anet.co.jp/np/books/3804/

問題冊子 2

Listening

日本語能力試験N1 模擬テスト〈2〉

スリーエーネットワーク

N1
聴 解
（60分）

注 意
Notes

1. 試験開始の合図があるまで、この問題冊子を開けないでください。
   Do not open this question booklet before the test begins.

2. この問題冊子を持ち帰ることはできません。
   Do not take this question booklet with you after the test.

3. この問題冊子は、全部で17ページあります。
   This question booklet has 17 pages.

4. 受験番号と名前を下の欄と解答用紙に、はっきりと書いてください。
   Write your registration number and name clearly in each box below and on the answer sheet.

5. この問題冊子にメモをとってもかまいません。
   You may make notes in this question booklet.

受験番号 Examinee Registration Number

名前 Name

本書を無断で複写複製(コピー)することは著作権法上での例外を除き、禁じられています。

問題1

問題1では、まず質問を聞いてください。それから話を聞いて、問題用紙の1から4の中から、最もよいものを一つ選んでください。

例

1 銀行へ行く
2 郵便局へ行く
3 食事をする
4 電話する

1番

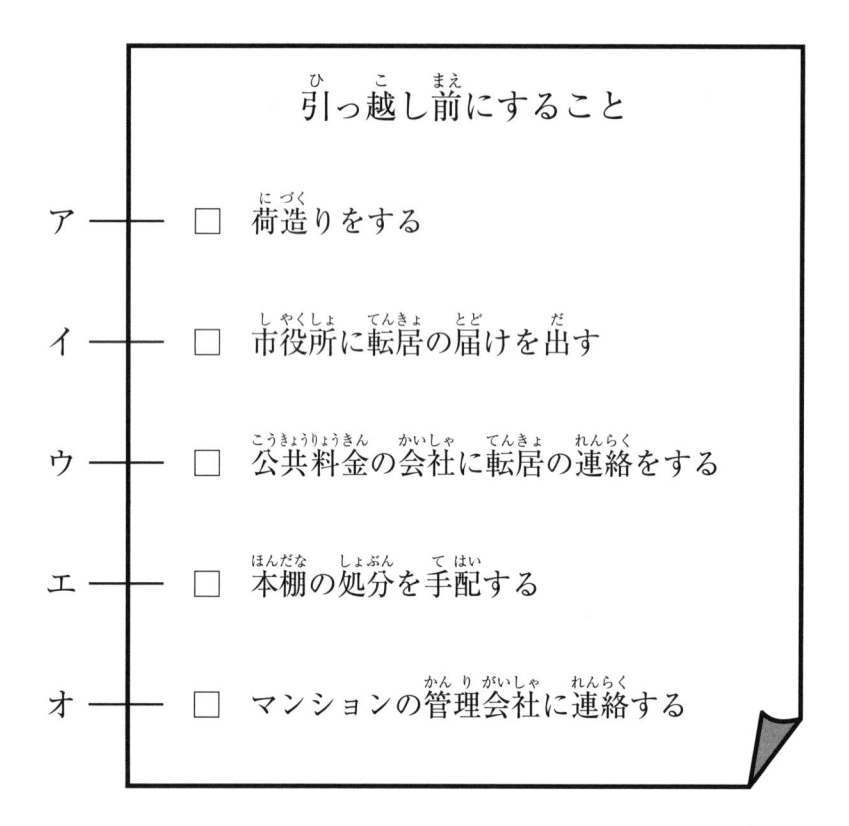

引っ越し前にすること

ア　☐ 荷造りをする

イ　☐ 市役所に転居の届けを出す

ウ　☐ 公共料金の会社に転居の連絡をする

エ　☐ 本棚の処分を手配する

オ　☐ マンションの管理会社に連絡する

1　ア　イ
2　ア　ウ　オ
3　イ　ウ　オ
4　ウ　エ

2番

1 座席表を修正する
2 社長に支店長の出席を報告する
3 追加の食事を注文する
4 出張の日程を確認する

3番

☆☆☆　試験の前に必ずチェックしよう！　☆☆☆
試験当日の持ち物チェックリスト

持ち物	備考
ア — ☐ 受験票	なくしたときのために番号を控えておく
イ — ☐ 筆記用具 （鉛筆・消しゴム）	鉛筆削りも用意するとよい
ウ — ☐ 昼食	当日は混むので必ず事前に用意する
エ — ☐ 時計	アラーム機能のある物は持って行かない

1　ア　イ　ウ
2　イ　ウ　エ
3　イ　エ
4　ウ　エ

4番

1 印刷にかかる料金を調べる
2 構成と内容を考える
3 他の社員に原稿作成の指示をする
4 社長に原稿作成を依頼する

5番

1 レポートのタイトルを直す
2 レポートにデータを載せる
3 図書館へ行って本を借りる
4 インターネットでグラフを探す

6番

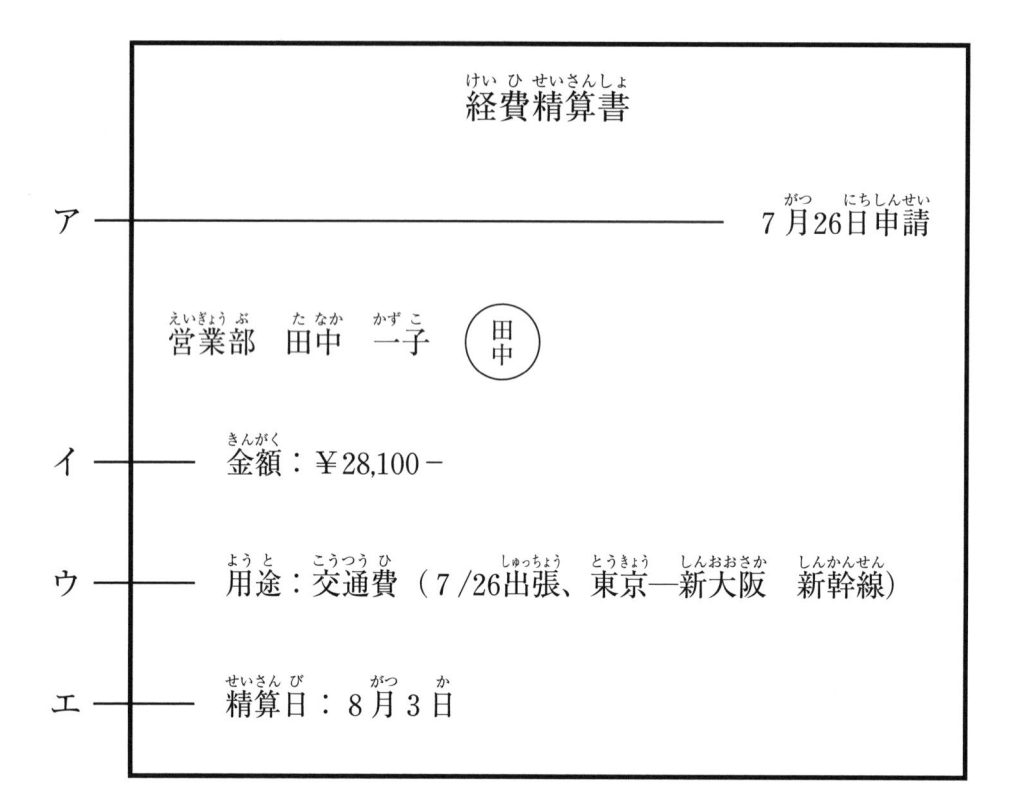

```
                    経費精算書

ア ────────────────────────────
                                    7月26日申請

      営業部  田中 一子    ㊞田中

イ ──── 金額：￥28,100-

ウ ──── 用途：交通費（7/26出張、東京—新大阪　新幹線）

エ ──── 精算日：8月3日
```

1　ア　イ　ウ
2　ア　ウ　エ
3　ア　エ
4　イ　エ

問題2

問題2では、まず質問を聞いてください。そのあと、問題用紙のせんたくしを読んでください。読む時間があります。それから話を聞いて、問題用紙の1から4の中から、最もよいものを一つ選んでください。

例

1　料理が辛すぎるから
2　料理がおいしくないから
3　おなかがいっぱいだから
4　おなかを壊しているから

1番
ばん

1 会社に何度も遅刻したから
2 連絡するのを忘れたから
3 メールで返事をしたから
4 遅い時間に連絡したから

2番
ばん

1 定期的な健康相談が好評だったこと
2 健康教室への参加が多かったこと
3 食生活がテーマの講習会が開催できたこと
4 お年寄り同士が交流できる機会が作れたこと

3番

1 大きめに作られていて楽だから
2 外ではなかなか着られない色だから
3 品質がよくて高級感があるから
4 人気があると書いてあるから

4番

1 始めるときの準備が楽だから
2 いろいろな文を練習するから
3 テキストが工夫されているから
4 練習すれば簡単に上手になるから

5番

1 論文が雑誌に載って有名になったこと
2 祖父の研究成果が論文に使われたこと
3 今まで注目されなかった研究が認められたこと
4 論文を書いたことで就職が決まったこと

6番

1 乾いた鍋を使うこと
2 牛乳を一度に入れないこと
3 よく混ぜること
4 火を強くしないこと

7番

1 ごく親しい人にだけ祝ってもらいたい人が多いから
2 海外での結婚式に憧れている人が多いから
3 国内で式を挙げるより費用が安いから
4 観光ができて招待客が満足するから

問題3

問題3では、問題用紙に何も印刷されていません。この問題は、全体としてどんな内容かを聞く問題です。話の前に質問はありません。まず話を聞いてください。それから、質問とせんたくしを聞いて、1から4の中から、最もよいものを一つ選んでください。

— メモ —

問題 4

問題 4 では、問題用紙に何も印刷されていません。まず文を聞いてください。それから、それに対する返事を聞いて、1 から 3 の中から、最もよいものを一つ選んでください。

― メモ ―

問題5

問題5では、長めの話を聞きます。この問題には練習はありません。メモをとってもかまいません。

1番

問題用紙に何も印刷されていません。まず話を聞いてください。それから、質問とせんたくしを聞いて、1から4の中から、最もよいものを一つ選んでください。

— メモ —

2番

問題用紙に何も印刷されていません。まず話を聞いてください。それから、質問とせんたくしを聞いて、1から4の中から、最もよいものを一つ選んでください。

— メモ —

3番

まず話を聞いてください。それから、二つの質問を聞いて、それぞれ問題用紙の1から4の中から、最もよいものを一つ選んでください。

質問1

1 赤
2 黄色
3 白
4 緑

質問2

1 赤
2 黄色
3 白
4 緑

N1 「聴解」 解答用紙

受験番号 Examinee Registration Number

名前 Name

ちゅうい Notes

1. くろいえんぴつ (HB、No.2) で かいてください。
   Use a black medium soft (HB or No.2) pencil.
2. かきなおすときは、けしゴムで きれいにけしてください。
   Erase any unintended marks completely.
3. きたなくしたり、おったりしないで ください。
   Do not soil or bend this sheet.
4. マークれい Marking examples

よい Correct	わるい Incorrect
●	⊘ ◌ ◍ ◐ ⦵ ○

問題 1

問				
例	①	●	③	④
1	①	②	③	④
2	①	②	③	④
3	①	②	③	④
4	①	②	③	④
5	①	②	③	④
6	①	②	③	④

問題 2

問				
例	①	②	●	④
1	①	②	③	④
2	①	②	③	④
3	①	②	③	④
4	①	②	③	④
5	①	②	③	④
6	①	②	③	④
7	①	②	③	④

問題 3

問				
例	①	②	●	④
1	①	②	③	④
2	①	②	③	④
3	①	②	③	④
4	①	②	③	④
5	①	②	③	④
6	①	②	③	④

問題 4

問			
例	①	●	③
1	①	②	③
2	①	②	③
3	①	②	③
4	①	②	③
5	①	②	③
6	①	②	③
7	①	②	③
8	①	②	③
9	①	②	③
10	①	②	③
11	①	②	③
12	①	②	③
13	①	②	③
14	①	②	③

問題 5

問				
1	①	②	③	④
2	①	②	③	④
3 (1)	①	②	③	④
3 (2)	①	②	③	④

以下のサイトから解答用紙がダウンロードできます。
https://www.3anet.co.jp/np/books/3804/